CW00520363

Dicas de Comércio e Estratégias de Investimento
para Iniciantes

STELLAR MOON PUBLISHING

Isenção de responsabilidade

Introdução

O mais recente Bitcoin Crash

Não pode ter escapado da atenção de ninguém: O Bitcoin sofreu golpes pesados. Como qualquer mercado financeiro, o comércio de Bitcoin é liderado pela emoção.

Ou melhor, os investidores de moeda criptográfica são levados pela emoção e os recentes tweets do Elon Musk estão causando muito FUD ("Fear, Uncertainty, Doubt"). Completamente inesperado, ele atacou o Bitcoin sobre o consumo de energia fóssil e a pegada de carbono.

Apesar de esta história ter sido desmascarada muitas vezes, as pessoas são muito sensíveis a isto, e quando uma celebridade tão grande grita algo, a maioria das pessoas acredita imediatamente e o medo se junta em torno. O que isso significa para o preço do Bitcoin e outras moedas criptográficas?

A Stellar Moon Publishing compilou este livro para oferecer uma visão das melhores dicas e estratégias comerciais para 2021. Este livro foi escrito por um grupo de especialistas em moedas criptográficas. Com este livro, nos esforçamos para fornecer a você as melhores informações sobre comércio e investimentos em moedas criptográficas.

Assim como o preço do Bitcoin estava recentemente recuperando o medo e a deflação era significativa. A vantagem é que agora se destacam os níveis reais de suporte sólido. Apesar de todo o pânico: a barreira de 30.000 dólares parece não ser quebrada tão cedo. Nem mesmo Elon pode quebrá-la tão longe!

Enquanto isso, a maioria das moedas criptográficas alternativas vêem um touro correndo agora mesmo.

Como são mais atraentes em termos de consumo de energia, eles podem ser essa alternativa ao Bitcoin para valor comercial a longo prazo.

Estas moedas que podem ter uma perspectiva de futuro estável são Cardano **(ADA)**, Stellar Lumens **(XLR)**, Ripple **(XRP)**, Solana **(SOL)**, EOS **(EOS)**, e Tron **(TRX)**.

Neste livro falaremos mais sobre como essas moedas individuais funcionam, por que Bitcoin permanecerá forte a longo prazo e por que essas moedas alternativas podem se tornar uma parte substancial do mercado de criptografia.

O preço Cardano não espera que os investidores comprem no mergulho

Para começar com um pouco de previsão, em [5 de] maio de 2021, Cardano saiu de um padrão ascendente que se tinha formado nos últimos meses. A fuga ocorreu com um notável salto no volume do mercado. Isto marcou uma mudança de tendência para o altcoin. Essa moeda havia mostrado pouca ação de preços nos últimos dois meses. Apesar da enorme quebra do criptograma causada pelo Elon Musk, a ADA está se segurando muito bem. Na verdade, o preço subiu 6% recentemente.

Uma queda ainda maior no mercado de criptografia é a única coisa que poderia impedir um empurrão para a marca de 2,27 dólares.

Cerca de US$ 1,57 é um apoio significativo para Cardano no futuro. Mais pessoas comprarão quando virem que um ponto de preço mais alto parece se estabilizar. Portanto, não há nenhuma chance de que o preço caia muito mais que este nível.

Os esquemas de bombeamento e despejo são tão populares como sempre

Com moedas como Dogecoin, Shiba coin e Safemoon dominando o marketing criptográfico em termos de lucros de investimento, uma lição deve ser tomada:

seguir e comprar em tendências puramente baseadas na quantidade de dinheiro que poderia ser feito em um curto prazo é tão arriscado como sempre.

Tabela de Conteúdos

Nossos livros

Confira nosso outro livro para saber mais sobre NFTs, NFT trading and selling, como obter lucro e dicas e estratégias essenciais para um início à prova de falhas no universo NFT.

Junte-se ao exclusivo Círculo Editorial Stellar Moon!

Você terá acesso imediato à lista de correio com atualizações de nossos especialistas todas as semanas!

Inscreva-se aqui hoje:

https://campsite.bio/stellarmoonpublishing

Esquemas de bombeamento e despejo

Nunca é uma boa idéia seguir sem sentido o hype de uma moeda aleatória, só porque as pessoas afirmam ter feito lucros enormes durante a noite.

Isto geralmente indica em direção a um esquema "clássico" de bombeamento e despejo, o que significa que, a fim de obter lucros maciços com uma moeda criptográfica, use a influência de notícias, blogs criptográficos, youtubers e outros influenciadores, plataformas de mídia social como Reddit e Facebook para aumentar o preço de uma moeda aparentemente aleatória.

A idéia geral disto é comprar cedo e despejar a quantidade de moedas compradas à medida que o preço sobe 1000 vezes.

É fácil reconhecer este padrão, já que as reivindicações geralmente estão em uma tendência como a seguir:

O preço de lançamento aleatório da merda é de US$ 0,000001 com a alegação de que se esta moeda subisse para US$ 0,001, você teria um lucro de cerca de 1000x.

Estas reivindicações sobre moedas aleatórias que estão prestes a estourar estão por toda a Internet; Tiktok, Instagram, Facebook e Reddit estão repletas de anúncios pagos e não pagos sobre esquemas de bombas e lixeiras.

Tudo isso significa simplesmente que, quem quer que esteja envolvido, pode obter lucros maciços desde que tenha pessoas suficientes para comprar a propaganda.

Influenciadores são pagos para empurrar esta informação.

Pode pagar até US$ 25.000 por correio se você for um influenciador disposto a promover um desses esquemas. Porque se você formar um número decente de seguidores, há uma possibilidade maior de que as pessoas comprem o que você tiver que dizer a eles.

E como um consumidor de conteúdo, e alguém que está procurando comprar na próxima propaganda, o pensamento crítico é seu melhor trunfo.

Dogecoin

O principal exemplo de uma bomba e lixeira com influência da mídia social, é o que Elon Musk fez com Dogecoin e Bitcoin, um par de tweets e menções sobre ambas as moedas, e como você provavelmente viu em notícias recentes, o preço do Bitcoin e do Dogecoin sobe, e ele comprou, especialmente no Bitcoin, antes de começar o boato, ele provavelmente obteve um bilhão de lucros por simplesmente mencioná-lo em um tweet, o mesmo que ele recentemente causou uma queda no preço do Bitcoin.

Elon Musk é um homem inteligente a esse respeito, segue sua estratégia de investimento, onde compra uma quantidade enorme de Bitcoin, alegando que sua empresa Tesla, agora aceitará pagamentos de Bitcoin para os carros e aumenta o preço por uma margem maciça, um recorde histórico de mais de $60.000.

E não muito mais tarde, Elon Musk lança uma bomba, dizendo à internet que a mineração Bitcoin é terrível para o meio ambiente, o que significa que ele se esgotou no ponto de preço alto, viu o crash do mercado e criou um novo ponto de entrada para as pessoas comprarem.

Ele começou a tweetar sobre Dogecoin no início de abril, com o preço inicial em torno de $0,05, e no dia 16 de abril, o preço atingiu o máximo histórico de $0,39.

Seguiu-se um pequeno mergulho, a moeda caiu de volta para $0,19 em 23 de abril e depois disso continuou a subir para uma nova alta de $0,71 em [5] de maio, seguida por outra queda com o preço atual de $0,50.

Não há muito a dizer sobre o futuro do Dogecoin, pois ele parece uma espécie de piada. Elon Musk provou no passado ser um grande fã da cultura da internet, e ter uma moeda como Dogecoin, dominar o mercado financeiro não é nada mais do que uma elaborada piada.

Portanto, se você se sentir com sorte, você poderia comprar em Dogecoin e apostar o dobro no preço no futuro próximo, mas qualquer sucesso é inteiramente baseado na sorte com uma moeda que tem seu preço baseado na especulação. Portanto, em essência, investir em determinada moeda criptográfica é um pouco uma aposta.

Uma boa regra, se você estiver disposto a apostar em esquemas de bombeamento e despejo é comprar quando os rumores começam e começar a vender quando chegar às principais notícias.

Uma vez que o preço subirá rapidamente sempre que uma moeda com tendência atingir os principais canais de notícias, isso também significa que muitas pessoas que compraram cedo, usam esse momento para descontar, vender a moeda e obter o lucro, causando uma queda de preço quase imediata quando um grande número de moedas é vendido em qualquer um dos mercados.

Isso significa que se você não tiver informações sólidas sobre quando essa lixeira vai acontecer, você está fadado a perder sua parte, se estiver atrasado. Como as moedas criptográficas são descentralizadas, elas são basicamente impossíveis de regular enquanto as informações forem divulgadas e as tendências.

Valor intrínseco da moeda criptográfica

Não compre moedas novas ou relativamente desconhecidas como um investimento a longo prazo se elas não mostrarem nenhum valor intrínseco.

Portanto, um conselho sólido seria saber o que você compra, você sabe se é uma chamada "merda", um esquema de marketing que as pessoas usam para aumentar o preço, ou se a moeda tem valor real de aplicação.

Por exemplo, o Ripple (XRP) tem como objetivo tornar-se a próxima rede global de pagamentos para instituições financeiras. Se você acompanhar as notícias em torno do Ripple, é um pouco mais fácil prever o que o preço fará, neste momento eles têm uma participação de 40% no sistema de pagamentos internacionais da Ásia e trabalham duro para solidificar seu futuro como um instrumento financeiro.

Neste momento, a criação de uma nova moeda leva cerca de 5 minutos se você quiser criar uma bomba um esquema de despejo. A seguir será o marketing, certifique-se de que as pessoas saibam que sua moeda será a próxima que as tornará ricas e ganhe interesse na internet.

Esta moeda tem que ser uma moeda que não precisa de prova de trabalho como a Bitcoin faz, como explicado no capítulo "**O Valor Intrínseco da Bitcoin**".

Portanto, se você mesmo quiser iniciar uma moeda, fazer uma cópia de uma moeda existente que não requeira nenhum esforço para ser trocada e iniciada, você provavelmente poderia encontrar um tutorial para configurar isto no YouTube.

Chamar a nova moeda de qualquer coisa que com palavras-chave como seguro, ou ir à lua, como o infame Safemoon, alega que ela vai estourar, e garantir que o maior número possível de pessoas precise segurar essa moeda porque ela os tornará ricos. De preferência, implementando uma taxa pesada se eles quiserem vendê-la.

Publique um livro branco sobre sua moeda; um livro branco é uma explicação de como a moeda funciona, como comprá-la e outras informações vitais para obter o interesse dos investidores.

Para um esquema de bomba e despejo, o ideal seria um papel que reivindicasse algum tipo de taxa de transação que fosse paga aos portadores de moedas. A idéia por trás desta taxa de transação que paga aos outros portadores de moedas é criar uma sensação de segurança para os potenciais investidores.

Se uma nova pessoa compra algumas moedas e consegue que seus amigos comprem algumas moedas, todos parecem lucrar com tal sistema. Eles querem criar uma ilusão de que se você conseguir o maior número possível de pessoas para comprar aquela moeda, todos ficarão ricos.

No entanto, uma parte crucial que tornaria isso possível é que a moeda precisa de valor intrínseco. Se você precisar comprar e guardar a moeda para ganhar valor, será desencorajador vendê-la por dólares, pois em essência o preço cairia.

E, dito de forma simples, é um sistema morto se o valor tiver que vir de pessoas que têm que comprar a entrada. Esse sistema indica apenas que, uma vez que um número suficiente de pessoas tenha comprado dentro, os proprietários e os grandes portadores de moedas podem vender fora, fazer o valor dessa moeda cair enquanto outras pessoas que não estão dentro no momento da venda para fora tomam uma perda.

Para dar um exemplo;

Se a pessoa A comprar 10 moedas e você tiver uma taxa de transação de 10%, 1 moeda dessas moedas será dividida sobre os outros portadores de moedas, então se houver 10 portadores de moedas neste ponto, todos eles receberiam 0,1 moeda dessa transação.

Muitas das moedas fraudulentas que são promovidas agora mesmo, elas ostentam um tipo de sistema semelhante ao explicado no exemplo, prometendo que explodirão em valor se pessoas suficientes comprarem e todos receberem uma parte quando alguém fizer uma compra.

Se você prestasse atenção e lesse nas entrelinhas, você teria chegado à conclusão de que esta é a moeda criptográfica equivalente a um esquema em pirâmide.

Safemoon e Shiba Inu: projetos de fraude?

Para aqueles de nós que acompanham o mercado criptográfico há algum tempo, sabemos que a corrida de 2017 e 2018 foi acompanhada por uma série de moedas que não só foram tão voláteis como o Bitcoin, mas também tão voláteis como o dia em que o Bitcoin caiu.

Estes projetos fraudulentos, ou merdas como alguns os chamam, dão má reputação à criptografia, mas parece ser uma boa parte da indústria como nova tecnologia. Com toda a propaganda em torno do Bitcoin e do Ether, devemos ter em mente que uma variedade de moedas menores também irá aumentar de valor.

Como explicamos anteriormente, esquemas de bombeamento e despejo como o infame Safemoon, são basicamente o equivalente em moeda criptográfica de um esquema em pirâmide.

Com a rápida ascensão da moeda Shiba, muitas pessoas estão se perguntando se uma queda é iminente. Como Binance anunciou recentemente, as carteiras nº 1, nº 2 e nº 5 do topo contêm 50,5%, 7,0% e 3,0% da oferta total respectivamente, o que normalmente seria extremamente preocupante, mas neste caso é uma história ainda mais estranha.

Os desenvolvedores da Shiba Inu enviaram 50% de suas fichas ao fundador da Ether, Vitalik Buterin, no lançamento.

Somos um pouco positivos sobre a moeda Shiba no momento, mas parece que, devido à falsa sensação de segurança, cria-se uma situação com um limiar baixo para arriscar seu dinheiro.

Prevemos que esta moeda também será muito volátil e provavelmente verá um futuro como um dos milhares de projetos de bombas e lixões.

O Binance também listou o SHIB em sua Zona de Inovação, tornando possível a compra do Shiba Inu através da troca (o que só pode ser feito após o preenchimento de um questionário).

Entretanto, o Safemoon tem atualmente mais de 1,9 milhões de usuários, mas o Binance se recusa a ouvi-lo. Embora o CEO Changpeng Zhao tenha dito anteriormente que quando um projeto tem um grande número de usuários, eles o escutarão. Há mais usuários do Safemoon do que no Shiba, também o Safemoon forneceu um número recorde de transações no Binance Smart Chain.

O valor intrínseco do bitcoin

O Bitcoin tem valor intrínseco em sua transação. Uma transação Bitcoin é um cálculo, e fazendo esse cálculo obtém uma recompensa, um bloco, uma Bitcoin, daí o motivo pelo qual é chamada de cadeia de bloqueio. Como cada transação Bitcoin é um cálculo que consiste em todos os outros cálculos (que consistem em transações anteriores) que levam à transação.

Assim, desde que o Bitcoin está em uso desde 2009, essas inúmeras transações levaram a um ponto em que é necessário um imenso poder de cálculo para concluir uma transação. Fazer estes cálculos é chamado de mineração, e é um negócio onde a mineração Bitcoin requer mais eletricidade do que um país pequeno neste ponto.

Para que o Bitcoin caísse completamente, as pessoas teriam que parar de negociá-lo em um momento em que uma transação custaria demais para calculá-la. Assim, este princípio garante o futuro a longo prazo da Bitcoin, desde que as pessoas a utilizem para comercializá-la.

Além disso, a Bitcoin tem sido a moeda fundamental do mercado negro porque os proprietários da Bitcoin não podem ser rastreados através de detalhes pessoais da conta como ter uma conta bancária, assim a Bitcoin pode ser usada para comprar qualquer coisa fora da lei.

Não há nenhum banco ou instituição financeira com dados de conta e informações pessoais sobre os proprietários da Bitcoin. E se você quiser manter sua privacidade com a quantidade de Bitcoin que possui, é aconselhável mantê-la em uma carteira física como a Trezor One.

Assim, a fim de manter suas transações tão fora da rede quanto possível, certifique-se de usar uma rota anônima de compra de sua Bitcoin, e mantenha-as fora das plataformas de negociação que requerem detalhes pessoais para poder usá-las.

Privacidade no comércio de bitcoin

Plataformas de negociação para Bitcoin podem exigir acesso a dados pessoais para usar essa plataforma, especialmente porque certos governos querem rastrear essas transações.

A plataforma Binance está sendo investigada neste momento por fraude fiscal e lavagem de dinheiro pelo governo dos EUA, puramente porque o governo dos EUA quer rastrear quem está negociando e quem possui o quê nessas plataformas.

Eles até ofereceram plataformas para pagar por detalhes pessoais, e mesmo que muitas plataformas de negociação de criptografia afirmem ter privacidade perfeita do cliente, não seria a primeira vez, eles venderam dados pessoais a terceiros. Há até mesmo alguns rumores de que certas plataformas vendem para o governo, mas nada pode ser dito com certeza.

O Bitcoin foi construído para descentralizar o valor. Até onde o passado pode nos ensinar, o dinheiro governa o mundo, e se você controla grandes somas de dinheiro, você tem um poder quase infinito.

Outra regra também é verdadeira, que o dinheiro corrompe indefinidamente, o dinheiro tem sido a causa da ganância, egoísmo e pobreza em todo o mundo e está nas mãos de uma porcentagem muito pequena de pessoas.

A bitcoin pode ser usada para desestabilizar a reserva global de valor se um número suficiente de pessoas a comprarem. A banca clássica é construída sobre a inflação no sistema econômico atual e se dinheiro suficiente flui para o mercado de moedas criptográficas, ela desestabilizará a inflação do dinheiro comum.

Os bancos usam o dinheiro que as pessoas armazenam para investir no que consideram rentável; eles também usaram uma boa parte desse valor para criar empréstimos, como hipotecas.
Mas neste ponto eles têm que continuar imprimindo dinheiro para manter o sistema funcionando, porque mais empréstimos significa menos valor real do dinheiro. E se você colocar o valor próximo ao atual fluxo global de dinheiro, é uma bolha gigantesca de crédito destinada a estourar.

Por que o bitcoin é um sólido investimento a longo prazo

Esta bolha de crédito retrata a razão pela qual Bitcoin é um investimento tão sólido para o futuro a longo prazo. Com o valor comercial total da Bitcoin em dólares no momento, todo o mercado da Bitcoin está avaliado em 846.019.261.238,40 dólares, ou seja, 846 bilhões de dólares em breve.

Assim, o Bitcoin atingiu um valor de quase 1 trilhão de dólares, e está chegando perto de ultrapassar o dólar, que tem cerca de 1,2 trilhão de dólares em todo o mundo.

Para colocar o mercado criptográfico em perspectiva, a capitalização total do mercado é avaliada em 2,2 trilhões de dólares.

Considere que a mineração de Bitcoin se tornará exponencialmente mais difícil, exigindo mais poder de processamento e mais eletricidade ao longo do tempo, enquanto a Bitcoin for utilizada. Outro fato importante para o valor da Bitcoin é que a quantidade de Bitcoin é finita, o que significa que, em algum momento, a última Bitcoin será minerada, e estima-se agora que levará mais de 100 anos.

Isto significa que o preço da Bitcoin não está nem perto do preço que estará dentro de 20 anos ou mais e, com a atual taxa de inflação, é uma reserva de valor extremamente desejável para o longo prazo.

É um fato que o dólar inflará mais, parece que em algum momento terá de cair, pois em algum momento simplesmente tornará os preços exageradamente altos, tornando o dólar mais inútil no decorrer do tempo.

Você pode ver a prova disso nos preços de materiais brutos como a madeira agora mesmo. Estes preços são altíssimos, e estão lentamente começando a desestabilizar o mercado imobiliário.

A causa disso está no fato de Donald Trump ter aumentado maciçamente as tarifas de importação de madeira da China em 2020, criando uma situação em que os EUA compram toda a madeira da Europa, elevando imensamente o preço.

Isto faz com que a renovação, novas moradias e outros projetos que requerem grandes quantidades de madeira estejam se tornando muito mais caros, mesmo que isso influencie os preços no mercado imobiliário neste momento.

As casas têm sido mais caras do que nunca na Europa ao ponto de começar a causar problemas em outros mercados.

Isto significa que os bancos têm que conceder uma hipoteca muito grande para uma casa menor que 10 anos, o que só contribuirá para aumentar a bolha de crédito e seu efeito em todos os aspectos da economia.

A atual escassez de chips

O maior contribuinte para a reserva de valor na Bitcoin é a escassez de chips, a Bitcoin é um dos fatores que impulsionam os chips a se tornarem mais valiosos e, devido à maior demanda, leva a um preço inflado e à escassez.

Uma das especulações é que o Elon Musk causou o acidente porque a falta de chips também está afetando a produção dos carros Tesla. Portanto, perturbando o preço de mercado do Bitcoin, perturbando o mercado de equipamentos de mineração Bitcoin, isto poderia potencialmente criar um pouco de espaço no mercado de chips.

Um espaço muito necessário para outros fabricantes que realmente de uma forma ou de outra em chips e semi-condutores.

Mas a certeza continua sendo que a dificuldade da mineração Bitcoin vai aumentar enquanto existir a comercialização de Bitcoin, exigindo mais do mercado de chips, e aumentando os preços dos equipamentos necessários para a mineração de Bitcoin.

A computação quântica não terá impacto na mineração de Bitcoin

Simplificando, estudos recentes, feitos por Louis Tessler e Tim Byrnes, mostraram que a computação quântica não pode fazer a mineração Bitcoin de forma mais eficiente do que as formas atuais de mineração Bitcoin. Portanto, a prova de trabalho da mineração Bitcoin tem um futuro muito estável no ambiente computacional atual sem ameaças que tornariam a prova de trabalho na mineração Bitcoin obsoleta.

Portanto, em conclusão, e levando em conta todos estes diferentes fatores, pode ser uma jogada muito inteligente para aumentar um capital de longo prazo para investir uma quantia mensal em Bitcoin, que você normalmente economizaria em um banco normal.

Estratégias de investimento em moedas criptográficas

Uma boa estratégia para aplicar para segurar Bitcoin ou outras moedas criptográficas é investir apenas dinheiro que não é necessário no curto prazo. A Bitcoin, por exemplo, em seu estado atual ainda é extremamente volátil, e se você seguir seu curso de perto, e esperar apenas um crescimento, você pode estar em busca de uma montanha-russa emocional.

Estes são 5 passos para uma Estratégia de Investimento Crypto bem sucedida

Passo 1: Decida quanto dinheiro você quer investir

O primeiro passo para um investimento bem sucedido em moeda criptográfica é sempre determinar o valor do investimento. Somente quando se sabe quanto se deseja investir em moeda criptográfica, pode-se começar a desenvolver uma estratégia apropriada para isso. Por exemplo, se você quiser investir apenas uma pequena quantia, então poderá pagar para escolher os altcoins um pouco mais baratos sobre os quais você tenha feito pesquisa suficiente. É crucial entender que valor a moeda tem dentro do sistema financeiro.

Se você tiver mais orçamento, então investir em Bitcoins, por exemplo, pode ser uma opção. Portanto, sempre determine o valor do investimento com antecedência e certifique-se de não se desviar dele mais tarde. Pode ser muito tentador investir mais e mais economia em moedas criptográficas.

Embora em alguns casos isso possa ser inteligente (por exemplo, quando você não precisa da poupança e vê boas oportunidades de investimento), ainda é importante manter uma poupança suficiente em moeda normal. Desta forma, em caso de emergência, você não precisa começar imediatamente a vender moeda criptográfica para poder financiar as despesas necessárias (inesperadas).

Etapa 2: Determine sua estratégia de investimento apropriada

Dentro do investimento em moeda criptográfica, há muitas estratégias diferentes imagináveis. Por exemplo, você pode optar por investir a longo ou curto prazo. A estratégia que melhor lhe convém depende inteiramente de sua situação pessoal. Possíveis fatores que podem influenciar a escolha da estratégia são, por exemplo, quanto tempo você quer investir o dinheiro, quanto tempo você mesmo quer investir (diária ou semanalmente) em sua moeda criptográfica e quanto conhecimento você já tem sobre moedas criptográficas.

Há geralmente duas estratégias que você pode seguir ao investir em moedas criptográficas. A primeira estratégia é segurar as moedas por um período de tempo mais longo para maximizar os lucros. A segunda estratégia é a chamada day trading, onde você compra moedas criptográficas com o objetivo de vendê-las novamente no curto prazo.

Há geralmente duas estratégias que você pode seguir ao investir em moedas criptográficas. A primeira estratégia é segurar as moedas por um período de tempo mais longo para maximizar os lucros. (investimento de longo prazo) A segunda estratégia é a chamada negociação diária, onde você compra moedas criptográficas com o objetivo de vendê-las novamente no curto prazo.

Defina seus objetivos

Negociar ações ou moedas criptográficas é um grande jogo entre "Bulls" (compradores) e "Bears" (vendedores). Um grupo está apostando que o preço vai descer enquanto que o outro grupo está apostando que o preço vai subir. Dentro da Crypto Trading, você pode, grosso modo, estabelecer dois objetivos:

1. **Coletando mais Bitcoin:** Ao negociar Altcoins contra Bitcoins, você garante que você obtenha cada vez mais Bitcoin em sua posse. As pessoas que escolhem esta opção confiam que a Bitcoin vai se tornar muito mais valiosa a longo prazo, por isso querem definir a maior quantidade possível de Bitcoin.

2. **Coleta de mais moedas Fiat (como Euros, Dólares e mais):** Ao negociar Bitcoin ou Altcoins contra Euros, por exemplo, você pode garantir que possui mais e mais Fiat. Este grupo de pessoas utiliza o Bitcoin como qualquer outra unidade negociável. Portanto, eles não acreditam no valor subjacente, mas principalmente acham interessante a volatilidade da moeda.

Longo prazo ou Curto prazo?

Os princípios básicos de negociação e investimento são fáceis: compre moedas criptográficas quando seu preço é baixo e venda-as quando o preço é alto. Isto também é chamado de "longo" em termos comerciais.
Você também pode fazer exatamente o contrário, vender suas moedas criptográficas quando os preços estiverem altos e comprar de volta quando o preço tiver caído. Isto também é chamado de "curto" em termos comerciais.

Qualquer pessoa que comece a negociar sempre assumirá basicamente uma posição "longa". Você compra Crypto e o vende quando o preço é mais alto. As posições curtas são utilizadas principalmente por negociadores experientes que também usam alavancagem. No entanto, desaconselhamos isso para iniciantes, pois também pode fazer com que você perca seu dinheiro muito rapidamente.

Passo 3: Encontre as moedas em que você quer investir

A escolha de uma moeda criptográfica interessante, especialmente no início, é provavelmente um dos passos mais difíceis. Quando é interessante investir em uma moeda? Quando definitivamente não devo investir em uma moeda? Se você soubesse as respostas a estas perguntas, você seria milionário em poucas horas. Infelizmente, ninguém sabe a resposta a estas perguntas com 100% de certeza, portanto, de certa forma, continua sempre uma aposta. mas graças a este livro, você ganhou mais informações sobre por que Bitcoin pode ser um investimento seguro a longo prazo e como você pode perder seu dinheiro rapidamente entrando em um esquema de bombeamento e despejo sem conhecimento prévio.

Assim, ao adquirir conhecimento suficiente sobre as moedas em que você quer investir, você pode realmente fazer uma boa previsão. É claro, é sempre inteligente espalhar oportunidades. Portanto, nunca invista em apenas um tipo de moeda criptográfica, mas espalhe seu depósito pelo menos de 2 a 3 moedas diferentes. Naturalmente, também é verdade que a obtenção de conhecimento continua sendo um processo contínuo. Portanto, não é possível dizer a um certo ponto que você tenha "conhecimento suficiente" de suas moedas e depois não fazer mais nenhuma pesquisa.

Passo 4: O momento certo

Se você tem lido sobre moedas específicas há algum tempo, você provavelmente já tem uma idéia do momento ideal de compra para si mesmo. Para determinar o momento ideal de compra, é de qualquer forma prudente analisar cuidadosamente os preços dos últimos tempos. Muitas vezes há um padrão claro a ser visto na evolução dos preços de moedas específicas. Além disso, também é importante determinar o momento da venda.

Quando você finalmente vende as moedas novamente? O momento da venda é diferente para todos. Depende inteiramente do valor de venda com o qual você ficaria satisfeito. Embora o momento da venda seja diferente para todos, é definitivamente sábio determinar antecipadamente a que preço você planeja vender sua moeda criptográfica. É claro que ninguém acabará forçando você a realmente vendê-la por esse valor, mas isso lhe dá algo a que se agarrar no mundo incerto da moeda criptográfica.

Passo 5: Pedido de ajuda

Especialmente quando você está apenas começando a investir em moeda criptográfica, há muitas coisas que você ainda não saberá exatamente. Embora haja uma enorme quantidade de conhecimento a ser encontrada na Internet, também pode definitivamente valer a pena pedir ajuda aos especialistas de tempos em tempos.

Cada vez mais assessores financeiros podem fornecer excelentes conselhos sobre como investir em moeda criptográfica. Naturalmente, é importante ser crítico ao escolher um assessor financeiro. Os custos são freqüentemente altos, mas os assessores financeiros certos, especializados em moedas criptográficas, não custam nada na prática. Eles proporcionam muito mais lucro do que o custo do conselho que você está gastando.

Na Stellar Moon Publishing, trabalhamos com uma série de consultores que podem lhe fornecer conselhos apropriados para desenvolver uma estratégia lucrativa para seus investimentos criptográficos. Confira as opções de contato no verso do livro e informe-nos se você precisar de ajuda com sua abordagem.

37

Dicas essenciais para o sucesso da criptocracia

As regras de segurança estão escritas em sangue. Esta é uma declaração que todo soldado que serve a seu país está familiarizado com ela. Embora não estejamos discutindo aqui o risco para a vida humana, é extremamente inconveniente perder suas valiosas Bitcoins devido a erros cometidos enquanto você está negociando e investindo em moedas criptográficas.

Dê um motivo a cada transação.

Entre apenas em uma **posição comercial**; *um preço pelo qual você deseja vender ou comprar sua moeda.*

Se você sabe porque quer vendê-lo ou comprá-lo e, portanto, tem uma estratégia clara em mente.

Nem todos os Crypto Traders podem ter lucro porque este é um jogo de soma zero (onde você tem lucro, outra pessoa do outro lado perde).

Grandes porta moedas (também chamadas de baleias no mundo criptográfico) impulsionam o mercado alt & Bitcoin - sim, as mesmas "baleias" responsáveis pela compra e venda de centenas de Bitcoins de cada vez.

As baleias esperam pacientemente por pequenos investidores insuspeitos como nós para cometer um erro comercial.

Mesmo se você quiser negociar todos os dias, às vezes é melhor não fazer nada do que pular na água apressada e arriscar perdas significativas. Alguns dias, você pode ganhar mais dinheiro não fazendo absolutamente nada!

Estabeleça objetivos claros e saiba quando você precisa parar

Para cada **posição comercial que** você deseja tomar, você deve definir um nível preciso de meta de lucro e, mais importante, um nível de stop-loss para limitar as perdas.

Estabelecer uma meta de stop-loss implica em determinar a perda máxima que pode ser aceita antes de fechar a **posição comercial**.

Vários fatores devem ser considerados ao se decidir sobre um nível de stop loss. A maioria dos comerciantes falha porque "se apaixonam" por sua posição, o que significa que as moedas que detêm, parecem subir de preço, ou esperam que não caia mais baixo, e não querem vender e pegar o lucro/perda, ou se apaixonam pela própria moeda criptográfica.

O que significa que, não importa o que aconteça, você escolhe segurar essa moeda para a vida querida. "Tenho certeza que vai mudar, que vai subir, e eu vou sair desta posição com uma perda mínima", dizem a si mesmos. Eles permitiram que seu ego os governasse.

Em comparação com o mercado acionário tradicional, onde a volatilidade de 2-3% é considerada extrema, as transações criptográficas são muito mais arriscadas: não é raro que uma criptocoína perca 80% de seu valor em questão de horas. E você certamente não quer ser aquele que está agarrado a ela!

Esteja atento à FOMO

Conheça a FOMO, que significa "Fear of Missing Out" (Medo de Faltar). Não é divertido estar do lado de fora olhando para dentro quando uma moeda específica é empolgada como uma loucura com enormes ganhos em apenas alguns minutos.

Aquele longo bar verde implora que você o compre, dizendo: "Você é o único que não está se beneficiando disso, então me compre! Neste ponto, você também notará que muitas pessoas e grupos em Reddit, Telegrama e outras plataformas só podem falar sobre esta bomba.

Então, o que devemos fazer? É tão simples quanto isso: ficar sóbrio. É verdade, o preço pode continuar a subir, mas tenha em mente que as baleias (mencionadas acima) estão simplesmente procurando pequenos comerciantes para vender seus criptogravos.

Que eles compraram a um custo mais baixo. O preço aumentou, e é claro que a moeda está agora nas mãos de apenas alguns comerciantes menores. É desnecessário dizer que quando a moeda é despejada em grandes quantidades, o próximo passo normalmente é uma queda de preço vermelho brilhante.

Avaliação de risco

"Porcos crescem gordura; porcos são abatidos". Esta citação conta a história do lucro do ponto de vista do sucesso. Para se tornar um rentável comerciante Crypto, você nunca deve procurar extremos. Você busca pequenos lucros que se somarão a um grande.

O risco deve ser gerenciado de forma sensata em toda a sua carteira. Por exemplo, você nunca deve investir mais do que uma pequena parte de sua carteira em um mercado não-líquido (altamente volátil). Daremos mais margem de manobra a essas posições, e os níveis de parada e metas serão estabelecidos longe do nível de compra.

As moedas criptográficas são trocadas por Bitcoin

Este ativo subjacente causa volatilidade no mercado: a maioria das altcoins são negociadas contra Bitcoin em vez de moeda fiat (como euros ou dólares). Veja também: Qual é a diferença entre a moeda Cryptocurrency e o Fiat Money?

A bitcoin é extremamente volátil em comparação com quase qualquer moeda fiduciária, e este fato deve ser considerado, especialmente quando o preço da bitcoin flutua drasticamente.

Era comum nos primeiros anos que a Bitcoin e altcoins tivessem uma correlação inversa, o que significava que quando a Bitcoin subia, os preços da altcoin caíam em relação à Bitcoin e vice-versa. Entretanto, a correlação se tornou menos clara desde 2018. Em qualquer caso, quando a Bitcoin é volátil, as condições comerciais tornam-se difíceis de determinar.

Como não podemos ver muito à frente durante um período volátil, é melhor estabelecer metas próximas e metas de prevenção de perdas - ou não negociar de forma alguma.

Use suas alt-coins para negociar

A maioria dos altcoins perde valor com o tempo. Elas podem perder valor gradualmente ou rapidamente.

No entanto, o fato de que a lista dos 20 maiores altcoins mudou tão drasticamente nos últimos anos diz muito. Considere isto ao adicionar grandes quantidades de altcoins ao seu portfólio a médio e longo prazo e, é claro, escolha-os sabiamente.

Se você estiver pensando em manter altcoins a longo prazo ou construir uma carteira criptográfica a longo prazo, preste muita atenção ao volume diário de negociação e faça uma análise fundamental completa.

Altcoins com uma comunidade próspera têm uma boa chance de sobreviver a longo prazo.

ICO, IEO, e venda de fichas

Passando às ICOs públicas (ou IEOs, como são conhecidas agora em 2021): são vendas de fichas criptográficas. Muitos novos projetos escolhem realizar uma venda em massa, na qual oferecem aos investidores uma oportunidade antecipada de comprar alguns dos tokens do projeto a um preço mais baixo.

O incentivo para os investidores é que, quando a ficha chegar ao mercado, eles poderão lucrar muito bem. Muitas vendas simbólicas de sucesso ocorreram nos últimos anos, com um ROI de 10x não raro.

A Augur ICO, por exemplo, proporcionou aos investidores um retorno de 15x. Então, qual é a contrapartida? Nem todos estes projetos devolvem um lucro aos seus financiadores. Muitas vendas acabaram se revelando um total de roubos. Não apenas não foram negociados, mas alguns projetos desapareceram com o dinheiro, para nunca mais serem vistos ou ouvidos de novo.

Então como você sabe se deve investir em uma determinada venda simbólica?

A quantia de dinheiro que o projeto deseja levantar é uma consideração importante. Um projeto que arrecada muito pouco dinheiro provavelmente não será capaz de desenvolver um produto que funcione, enquanto um projeto que arrecada muito dinheiro provavelmente não terá investidores suficientes para comprar as fichas no mercado. O aspecto mais crucial é a gestão de risco. Nunca coloque todos os seus ovos em uma cesta e evite colocar muito de sua carteira em um único IEO ou ICO. Eles são classificados como de alto risco.

Comissões

A realização de múltiplos negócios requer o pagamento de uma comissão maior. É sempre melhor e menos caro para um fabricante de mercado colocar uma nova ordem no livro de ordens em vez de comprar do livro de ordens em uma plataforma de negociação.

Não crie pressão

Comece a negociar somente quando você tiver as melhores condições para tomar as melhores decisões, e sempre saiba quando e como parar de negociar, se necessário. A negociação começa com uma estratégia bem pensada! Se você estiver sob muita pressão, isso afetará sua capacidade de tomar decisões. Como resultado, nunca se apresse.

Estabelecer metas e ordens de venda

Defina seus objetivos fazendo pedidos de venda. Você nunca sabe quando uma baleia irá bombear uma moeda para comprar o estoque no livro de pedidos (e pagar um preço mais baixo no lado do criador do pedido de venda).

Comprar o boato, vender a notícia

Quando as grandes transmissões de notícias publicam notícias, este é geralmente o momento certo para vender a moeda e não comprá-la!

Não se esqueça da Lei de Murphy

Você fez um comércio lucrativo, mas como é costume, o preço dispara logo após a venda. Não ceda à tentação de mudar de emprego. Em outras palavras, não sucumba ao **FOMO** (Fear of Missing Out). Você ficará bem desde que haja lucros.

Não deixe que seu ego governe seus investimentos

O objetivo é obter LUCROS. Não desperdice recursos (tempo e dinheiro) tentando demonstrar que você deveria ter tomado esta ou aquela posição. Tenha em mente que nenhum comerciante só entra em posições vencedoras. A regra geral é que o número de negócios vencedores deve exceder o número de negócios perdidos.

Compre quando os preços estão baixos

Os mercados de ursos às vezes são os melhores momentos para se ter lucro, se a moeda estiver caindo, isso pode significar que é o melhor momento para comprar e ter lucro ao longo do tempo. Mas certifique-se de que seu plano é sólido para o futuro próximo e você tem alguma idéia do motivo pelo qual a queda de preços é apenas temporária.

Compradores versus vendedores

Considere a seguinte empresa hipotética. As pessoas que acreditam na empresa compram o maior número possível de ações ao preço de US$ 10.

No entanto, para isso, deve haver também pessoas dispostas a vender suas ações a esse preço. Como resultado, essas pessoas estão céticas quanto à possibilidade de que o preço suba. Eles não venderiam se pensassem que isso aconteceria! Se um acionista deseja vender suas ações, ele é livre para estabelecer seu próprio preço.

Suponha que alguém liste suas ações para venda a $12 cada, e que outros queiram comprar a $10. Nesse caso, ambas as partes podem acordar um preço de 11 dólares e se encontrar no meio. Após o primeiro dia de negociação, o preço de nossa loja de donuts é de $11 por ação. Em muitos aspectos, isto reflete como o mercado percebe a nossa empresa.

Este princípio se aplica às moedas criptográficas de maneira semelhante.

Se você é um investidor sábio, você entende que não pode aprender tudo simplesmente olhando para o preço atual. Usando dados históricos, você pode estimar o sentimento do mercado. O preço atual é muito alto ou muito baixo? Qual foi o custo no início do dia do ano passado? Houve uma queda de preço no último trimestre?

Bitcoin versus Ethereum

Qual é a diferença e qual a moeda criptográfica que tem o futuro mais promissor?

Anteriormente explicamos como o Bitcoin tem um tremendo potencial a longo prazo, mas como ele se mantém contra o número 2. Você deveria investir em ambas as moedas?

Bitcoin e Ethereum são as duas maiores moedas criptográficas em capitalização de mercado. Os co-investidores muitas vezes optam por manter apenas uma das duas em sua carteira. Apesar dessa abordagem, essas moedas criptográficas ainda são muito diferentes. Quais são as maiores diferenças? Por que as pessoas acreditam em uma, e não na outra? Alguns poucos especialistas do setor lançam sua luz sobre o assunto.

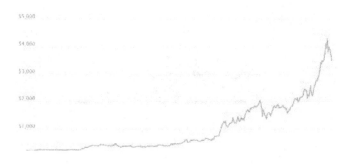

O bull-run do Ethereum no ano passado

2021 provou ser até agora o ano do Ethereum. A segunda moeda criptográfica está se aproximando rapidamente da capitalização de mercado da Bitcoin. Por exemplo, com uma capitalização de mercado de US$ 501 bilhões, a moeda é mais valiosa do que o banco de investimento americano JP Morgan no momento em que foi escrita.

Ainda assim, o maior desafio da Bitcoin tem um longo caminho a percorrer se quiser superar a capitalização de mercado da Bitcoin (atualmente em $1 trilhão). Recentemente, 1 Bitcoin valeu 13,25 Ethereum.

O que é exatamente o Ethereum?

A moeda Ethereum (ETH) é uma das moedas com maior capitalização do mercado. Uma alta capacidade de mercado geralmente indica que há muita fé em uma determinada moeda, e a moeda Ethereum, como a Bitcoin, tem muita fé.

Enquanto os investidores são céticos sobre o futuro da Bitcoin, o futuro da moeda Ethereum parece, por enquanto, ser brilhante. De fato, o preço da moeda Ethereum aumentou em mais de 3.000 por cento em 2017.

Naturalmente, a questão é sempre se ainda vale a pena investir nesta moeda virtual. Para poder responder esta pergunta por si mesmo, esta página explicará o princípio da moeda. Desta forma, você pode ter uma idéia do tipo de moeda e de como você vê o futuro do Ethereum.

Em que se diferencia da Bitcoin?

Onde Ripple, por exemplo, se concentra em fazer transações mais rápidas para o mercado financeiro, a moeda Ethereum se concentra no uso de aplicações. O princípio da tecnologia Ethereum é criar uma situação em que as aplicações possam ser utilizadas sem a intervenção de uma autoridade central. As aplicações que utilizam esta tecnologia também são chamadas de DApps (ou Aplicações Descentralizadas). A principal vantagem das aplicações que utilizam a tecnologia

Ethereum é que basicamente não há mais perda de dados, manipulação de dados, censura dentro da aplicação ou tempo de inatividade da aplicação.

O preço da moeda Ethereum é determinado por mais do que apenas a oferta e a demanda entre os investidores. O preço é muito mais dependente do uso que se faz dos DApps. Um grande número de empresas em todo o mundo apóia o conceito do Ethereum. Como resultado, não é surpreendente que o valor da moeda tenha aumentado drasticamente em 2017.

No mercado de moedas criptográficas, o Ethereum ainda é uma moeda relativamente nova. O preço do Ethereum tem aumentado constantemente desde sua criação em 2015. Em 2017, o preço do Ethereum aumentou em mais de 3.000 por cento. Este aumento foi facilmente explicado à medida que mais empresas internacionais manifestaram interesse no Ethereum.

Empresas multinacionais como a ING, Microsoft, BP e Deloitte, para citar algumas, já aderiram à Enterprise Ethereum Alliance (uma parceria fundada pela Ethereum). As maiores corporações do mundo estão cada vez mais interessadas em colaborar com a Ethereum. Quando mais grandes empresas que utilizam a rede Ethereum, mais confiança existe na moeda. Uma maior confiança, naturalmente, resulta em uma taxa de câmbio mais alta.

A compra de moedas Ethereum é semelhante à compra de Bitcoin. O Ethereum está ligado a todas as conhecidas "trocas de moedas criptográficas", tornando extremamente simples a compra da moeda com outras moedas criptográficas.

A compra do Ethereum é semelhante à compra do Bitcoin. O Ethereum está ligado a todas as conhecidas "trocas de moedas criptográficas", tornando extremamente simples a compra da moeda com outras moedas criptográficas.

As moedas Ethereum também podem ser adquiridas com dólares através de vários fornecedores internacionais. Como nem todas as trocas cobram uma taxa de transação razoável, é melhor ficar com as partes mais conhecidas. O truque para comprar moedas Ethereum é, naturalmente, esperar pelo momento certo para comprar. Muitos investidores compram as moedas quando elas estão prestes a cair de valor.

A moeda criptográfica do Ethereum é relativamente estável (até onde uma moeda criptográfica pode ser estável). Apesar do fato de a moeda ser relativamente estável, investir em moeda criptográfica é sempre arriscado.

Como resultado, só invista no Ethereum com fundos que você pode se dar ao luxo de perder. Muitas pessoas acreditam que é necessário comprar moedas Ethereum completas; no entanto, não é este o caso. Você também pode comprar uma meia moeda ou menos.

As moedas de etéreo podem ser depositadas usando uma carteira online ou offline. Para o depósito online das moedas Ethereum, você tem um grande número de fornecedores de carteiras online para escolher.

O Ethereum pode ser adquirido on-line através de trocas, como Binance. Como as moedas Ethereum têm um valor relativamente alto, mais pessoas estão optando por manter suas moedas seguras e protegidas off-line. Você também pode escolher entre uma carteira de hardware e uma carteira móvel.

NFT e Ethereum

Uma das razões pelas quais o Ethereum poderá ver um bom aumento de preço nos próximos anos é devido ao NFT (tokens não fungíveis).

Os NFTs tornaram-se extremamente populares em pouco tempo, inclusive entre os artistas que esperam ganhar um pequeno troco de bolso na época da coroação. Ou troco de bolso? Algumas artes NFT mudam de mãos para milhões.

A propaganda em torno de fichas não-fungáveis está atraindo os recém-chegados ao mundo criptográfico. Eles estão curiosos sobre o que são NFTs ou esperam se tornar ricos rapidamente através do comércio de arte digital.

As vendas da NFT passam principalmente sobre a plataforma Ethereum, como Bitcoin uma rede descentralizada baseada no conceito de cadeia de bloqueios. Mas só ter uma carteira digital cheia de éter - uma das moedas criptográficas mais populares - não o leva até lá.

Se você quiser ler mais sobre arte NFT e NFTs comerciais, você pode conferir nosso livro sobre o assunto.

Resumo:

- Ethereum é uma plataforma descentralizada que utiliza a tecnologia da cadeia de bloqueio pioneira do misterioso Satoshi Nakamoto - um pseudônimo - criador do Bitcoin.
- Enquanto Bitcoin descobriu uma maneira de transferir valor digitalmente, diretamente de pessoa para pessoa, Ethereum está adotando uma abordagem diferente", escreve o site de nicho BTC.direct. Diz-se que a rede Ethereum é a base de um novo tipo de Internet. É importante ressaltar que o 'ecossistema Ethereum' serve como base para o desenvolvimento de aplicações descentralizadas (DAPPs) e contratos inteligentes.
- Os DAPPs seriam muito mais amigáveis à privacidade e seguros do que as atuais aplicações centralizadas da Internet. Eles também são incontroláveis.

Como os grandes investidores do Ethereum vêem o futuro?

Tally Greenberg, chefe de desenvolvimento comercial da empresa de software Allnodes, tem o seguinte a dizer sobre o Ethereum:

A vantagem tecnológica e a utilidade do ecossistema Ethereum é muito maior do que a do Bitcoin, e acho que os investidores estão começando a ver isso também. Atualmente há mais de 75 bilhões de dólares investidos em projetos DeFi na cadeia de blocos Ethereum - há apenas um mês atrás, eram 40 bilhões de dólares. Apenas os contratos inteligentes apoiados pela rede oferecem infinitas possibilidades e devem ser suficientes para que o Ethereum tenha uma vantagem competitiva sobre o Bitcoin".

Steve Ehrlich, CEO e fundador da empresa de corretagem de moedas criptográficas Voyager Digital:

"Acredito que o Ethereum oferece melhores perspectivas devido a sua utilidade, funcionalidade e ecossistema". Os clientes da Voyager (corretor de ativos criptográficos, ed.) que possuem tanto Bitcoin quanto Ether começaram a deter mais Ether nos últimos meses. Estamos vendo também que nossos maiores investidores estão se tornando mais confortáveis com o perfil de risco/recompensa do Ether. A cadeia de bloqueio Ethereum está impulsionando o ecossistema mais desenvolvido para finanças descentralizadas e NFTs, que estão todos ganhando popularidade. O

Ethereum também receberá uma atualização - interestino- num futuro próximo".

"Há uma *expectativa de que a ETH será reconhecida por investidores institucionais",* **diz Megan Kaspar, diretora administrativa da empresa de investimentos criptográficos Magnetic.**

"O éter, acredito, ganhará tração. Quando os investidores tomarem consciência das oportunidades tecnológicas, os fluxos de capital mudarão para o Éter. A longo prazo, análises técnicas e fundamentais mostram que o Éter tem um potencial de ganho maior do que o Bitcoin. "

Qual é a diferença entre Bitcoin e Ethereum?

A rede Ethereum permite que os desenvolvedores construam suas próprias aplicações descentralizadas; a Bitcoin não tem isto.

Outra diferença é que o criador do Ethereum é conhecido, enquanto que o do Bitcoin não é.

O fornecimento determina o preço da Bitcoin (ao contrário da moeda fiduciária, a Bitcoin de fornecimento é escassa e finita). Com o Ether, entretanto, há outros fatores em jogo: por exemplo, a rede permite que as empresas iniciantes emitam uma ficha para seu próprio projeto de cadeia de bloqueio.

Neste momento, os investidores devem ter tanto o Bitcoin quanto o Ethereum em suas carteiras.

Bitcoin tem uma forte chance de permanecer como o principal ativo criptográfico do mundo, enquanto o Ethereum tem uma grande chance de se tornar a principal plataforma de desenvolvimento de software distribuído do mundo.

Como resultado, se você quiser obter o máximo de seu portfólio, **invista em ambos agora.**

Por que a Ripple chama a atenção?

Além do Bitcoin, há uma infinidade de outras moedas criptográficas que podem ser muito mais lucrativas em termos de retorno do que o conhecido Bitcoin. O Ripple (XRP), é uma das moedas criptográficas com um enorme limite de mercado. Desde o final de 2017, o preço da moeda Ripple subiu drasticamente, e continua a flutuar significativamente até hoje.

Você pode estar se perguntando: "A Ondulação é uma boa moeda para se investir"? A fim de dar uma resposta satisfatória, aprofundaremos em tudo o que diz respeito à Ondulação neste capítulo.

O que é Ripple?

Comecemos respondendo à pergunta: "O que é Ripple? As moedas criptográficas foram desenvolvidas na sequência da crise econômica, em parte para reduzir a influência dos bancos nas transações econômicas. Enquanto a maioria das moedas criptográficas ainda hoje baseiam seus perfis neste conceito, a moeda Ripple não o faz. O Ripple, por outro lado, é uma moeda centralizada destinada a permitir que as instituições financeiras (incluindo bancos) e as transações internacionais sejam concluídas mais rapidamente.

A Ripple já está trabalhando em uma solução de sistema de pagamento para grande parte do tráfego bancário do Santander, Reise Bank, BBVA, Bank of

America, e UniCredit, entre outros. Eles já têm uma participação de 40% no sistema de pagamento para bancos na Ásia.

Espera-se que a tecnologia do Ripple desperte o interesse de um número crescente de bancos. Como resultado, espera-se que o número de bancos que irão utilizar esta tecnologia cresça rapidamente.

Naturalmente, "acelerar as transações internacionais" não parece muito claro neste momento. O princípio da tecnologia Ripple será explicado com mais detalhes usando um breve exemplo: Existe uma diferença de moeda quando um cliente quer fazer uma transação de um banco espanhol (por exemplo, Santander) para um banco americano (por exemplo, Bank of America).

O cliente espanhol transfere a quantia em euros, e esta chega em dólares no banco americano. Para realizar estas transações, o Santander Bank tem uma conta no Bank of America e o Bank of America tem uma conta no banco Santander, as chamadas contas nostro e vostro.

Fazer um pagamento espanhol a um banco americano leva muito tempo, devido aos muitos elos deste processo. O Ripple concentra-se em acelerar este processo, completando as transações em moeda corrente Ripple.

Fazer um pagamento agora não leva mais vários dias, mas apenas alguns segundos. Isto não apenas reduz os custos de transação para os bancos, mas os clientes dos bancos também podem concluir suas transações mais rapidamente.

A ação judicial Ripple

A SEC entrou com um processo surpresa contra a Ripple e dois de seus executivos, o co-fundador Chris Larsen e o CEO Brad Garlinghouse, em dezembro. O regulador alega que continuar vendendo XRP a investidores individuais viola as leis de valores mobiliários.

A SEC espera fortalecer seu caso demonstrando que a Ripple manipulou propositalmente a expectativa de preço do XRP da moeda criptográfica com anúncios estrategicamente cronometrados.

Até agora, a análise da Larsen e Garlinghouse das carteiras criptográficas revelou que enormes quantidades de XRP foram entregues para trocas com base em solo estrangeiro. Entretanto, a Ripple "não entregou nenhum documento de conta de ativos digitais não baseado nos EUA ou de outra forma explicou o significado dessas transferências de XRP", de acordo com a carta da SEC.

"Embora a SEC também tenha tentado obter essas informações diretamente da Ripple, a Ripple informou recentemente à SEC que a Ripple também não as tem, deixando o único caminho para investigação offshore", explica a carta.

Entretanto, parece que as investigações não começaram bem, com pedidos a nove diferentes reguladores estrangeiros retornando de mãos vazias. De acordo com a carta, dois reguladores recusaram-se a ajudar, e outros três recusaram-se a permitir que a SEC publicasse suas comunicações. Apenas um regulador sugeriu que a SEC poderia usar conversas entre as duas partes para fortalecer seu caso.

Se o tribunal conceder a moção da Ripple, a SEC seria obrigada a fazer cessar e desistir dos pedidos aos reguladores estrangeiros, pondo um fim efetivo a esta linha de investigação.

Qual é o preço do Ripple?

Agora que cobrimos os fundamentos e as recentes notícias em torno do processo contra a Ripple, vamos ao fundo da questão: Qual é o preço da Ripple? A Ripple foi fundada em 2012 com o objetivo de agilizar as transações financeiras. Embora o preço fosse inicialmente estável (baixo), ele aumentou significativamente desde o final de 2017.

A Ripple tornou-se uma empresa de um bilhão de dólares quase imediatamente como resultado do aumento de preços. Os proprietários da Ripple ainda administram uma grande parte da capacidade do mercado, de modo que o público tem apenas uma quantidade limitada da capacidade do mercado.

O aumento de preços pode ser explicado pelo fato de que a Ripple contraiu com vários grandes clientes no mundo financeiro. Estes incluem clientes como o Bank of America e o Royal Bank of Scotland. Além disso, a Ripple conta com o apoio de muitas empresas multinacionais, incluindo o Google. Em janeiro de 2018, o preço primeiro era de US$ 3,10 por Ripple.

O aumento de preço pode ser explicado pelo fato de a Ripple ter assinado contratos com uma série de grandes clientes financeiros. Os clientes incluem o Bank of America e o Royal Bank of Scotland. Além disso, a Ripple tem o apoio de muitas corporações multinacionais, incluindo o Google. Em janeiro de 2018, o preço era de US$ 3,10 por Ripple.

Como comprar o Ripple

Você já está um pouco animado? Então você deve estar se perguntando, onde posso comprar o Ripple? No início, era difícil comprar o Ripple com dólares ou euros. Felizmente, mais e mais opções para isto têm surgido recentemente.

Ao comprar moedas Ripple com dólares, muitas vezes há taxas de transação altas. Portanto, é aconselhável primeiro converter os dólares para uma moeda digital mais comum (por exemplo, Bitcoin (BTC) ou Ethereum (ETH) e depois comprar as moedas Ripple através de uma troca como Binance.

Cardano: a moeda inteligente

Cardano fez seu nome no mundo das moedas virtuais em um período de tempo relativamente curto. Cardano já entrou nas cinco principais moedas de moedas criptográficas no início de 2018. Como resultado, a moeda já é mais valiosa do que moedas bem conhecidas como NEM e Litecoin.

Embora seja impossível prever o futuro de uma moeda, os especialistas em moedas criptográficas têm grandes esperanças para a moeda Cardano. Como resultado, espera-se que esta moeda ultrapasse o número dois no futuro próximo. Naturalmente, a questão agora é como explicar o sucesso da moeda de Cardano.

O sucesso de Cardano, de acordo com seus desenvolvedores, pode ser atribuído ao fato de ser a única moeda virtual baseada em teorias matemáticas acadêmicas.

Uma colaboração de várias universidades internacionais resultou na criação da moeda Cardano. Os criadores da moeda Cardano incluem acadêmicos de renome de universidades como Atenas, Edimburgo e Connecticut, entre outras. A moeda criptográfica Cardano é baseada em uma série de teorias matemáticas acadêmicas (altamente conceituadas). Como tal, a moeda tem o nome do matemático Gerolamo Cardano, um dos matemáticos mais famosos e influentes da história.

É claro que uma moeda virtual baseada em teorias matemáticas parece extremamente intrigante, mas o que isso significa na prática para a qualidade da moeda? O CEO da Cardano é também o antigo CEO e desenvolvedor da moeda criptográfica Ethereum.

Ele notou que a maioria das novas moedas criptográficas lançam novas moedas rapidamente e, como resultado, não gastam tempo suficiente para desenvolver todo o conceito.

Segundo ele, como resultado disso, muitas moedas virtuais acabam fazendo promessas que não podem cumprir na prática.

De acordo com Charles Hoskinson, isto acaba levando a uma menor confiança no mercado de moedas criptográficas como um todo. A moeda Cardano foi criada para restaurar esta confiança.

Cardano emprega uma equipe de acadêmicos para garantir que as promessas feitas para a moeda sejam cumpridas na prática. As responsabilidades dentro do projeto são delegadas a acadêmicos que são especialistas nesse campo específico.

É claro que ter uma boa equipe é fundamental para uma moeda virtual, mas, em última análise, trata-se da tecnologia por trás da moeda. A principal distinção entre as atuais moedas criptográficas e Cardano é que a moeda Cardano opera com base no princípio da "verificação formal".

Contratos inteligentes baseados em "verificação informal" estão sendo cada vez mais utilizados com moedas virtuais hoje em dia, muitas vezes resultando em contratos que não são testados ou não funcionam plenamente.

Teorias matemáticas são usadas para testar a 'verificação formal' da moeda Cardano. Para garantir a segurança da moeda, a equipe utiliza a linguagem de programação 'Haskell'. Os especialistas consideram Haskell como a linguagem de programação mais segura.

Cardano também criou sua própria técnica 'Ouroboros', que se baseia no conhecido método 'Proof of Stake (POS)'. O princípio da "Prova de Estaca" dita que a moeda, como Bitcoin, não pode ser minerada. O princípio da "Prova de Estaca" diz que manter moedas em uma carteira aumenta o número de moedas (também chamado de "staking").

O Cardano não é a única moeda virtual que emprega o método 'Proof of Stake'; moedas líderes como NEO, Dash, e Stratis também o fazem. Embora a técnica seja obviamente extremamente intrigante, ela também apresenta alguns riscos de segurança. A técnica de Ouroboros da Cardano garante que estes riscos de segurança sejam eliminados.

Qual é o preço de Cardano?

É possível adquirir a Cardano ICO desde 2015, este período só parou em janeiro de 2017. Durante muito tempo, a Cardano mostrou um preço estável em torno de US$ 0,02.

A partir do início de novembro de 2017, o preço Cardano mostrou várias flutuações, um aumento constante foi evidente.

No início de 2018, a moeda virtual atingiu um aumento fenomenal, o valor era então superior a US$ 1,21 cada por um curto período de tempo.

Embora a moeda Cardano ainda seja considerada uma moeda relativamente jovem no mercado de moedas criptográficas, cada vez mais comerciantes líderes estão expressando confiança no futuro da moeda Cardano. Portanto, é claramente visível um aumento na capacidade do mercado de Cardano.

Como comprar Cardano?
Enquanto isso, você também está convencido de um futuro de sucesso para Cardano? Então você pode optar por comprar também uma série dessas moedas.

No início de 2021, o preço destas moedas flutuará entre $0,80 e $2,40 cada uma, de modo que você já pode ser investido por uma pequena quantia de dinheiro. A compra de moedas Cardano pode ser feita na troca do Binance.

Para poder comprar Cardano, você pode primeiro comprar Bitcoins e depois convertê-los em Cardano. Entretanto, hoje em dia também é possível comprar Cardano diretamente.

A compra destas Bitcoins pode ser feita, por exemplo, através de uma plataforma como a Coinbase.

Nano

Embora o nome da moeda possa fazer alusão a algo insignificante, a Nano moeda criptográfica (NANO, anteriormente conhecida como RaiBlocks) tem grandes ambições de superar o objetivo da Bitcoin.

Como meio de pagamento diário, a Nano aspira a ser uma alternativa tanto para as moedas fiat quanto para as moedas criptográficas dominantes.

Tais sistemas são frequentemente estagnados por várias restrições tecnológicas, mas a organização do Nano apresenta sua "cura" na arquitetura da cadeia de bloqueio, que proporciona transações seguras e instantâneas sem custo.

O que é exatamente Nano?
A equipe Nano se concentra no Bitcoin em seu white paper como a primeira moeda criptográfica a obter ampla aceitação e introduzir o público à cadeia de bloqueio.

Bitcoin, de acordo com esses desenvolvedores, comete vários pecados importantes que nenhuma moeda criptográfica deve cometer.

- **A escalabilidade é limitada.** A questão da escalabilidade decorre da capacidade limitada dos blocos da cadeia de bloqueio para armazenar dados. Ela reduz efetivamente o número de transações por segundo que a cadeia de bloqueio pode lidar, especialmente à medida que a tecnologia amadurece e o número de usuários na plataforma cresce. Também transformou efetivamente um ponto em um bloco em uma "mercadoria", com o custo médio da transação Bitcoin considerado inaceitável por muitos usuários.

- **Longa latência.** A latência computacional existente com Bitcoin e outras moedas criptográficas é descrita como excessiva e uma das causas de longos tempos de confirmação. A nano está tentando melhorar também nesta área.

- **O consumo de energia é ineficiente.** Por exemplo, porque o modelo de consenso Bitcoin Proof of Work (PoW) exige uma média de 260 kWh por transação, toda a rede exigiria aproximadamente 27 TWh por ano. Como alternativa, a Nano propõe abandonar os protocolos de consenso distribuídos, como a Prova de Trabalho e a Prova de Estaca (PoS) e, em vez disso, fornecer a cada usuário sua própria cadeia de bloqueio. Isso pode reduzir a concorrência entre os proprietários de sistemas computacionais e permitir o uso de sistemas menos exigentes para o mesmo propósito.

Todas essas características, quando combinadas, deveriam teoricamente fornecer à plataforma Nano escalas ilimitadas, bem como transações mais rápidas e suaves e menor consumo de energia como um bônus para os usuários.

Isto ainda contribui para o fato de que a Bitcoin é uma excelente reserva de valor a longo prazo devido a suas limitações técnicas. Entretanto, como um sistema de pagamento, o Nano seria muito mais superior.

Qual é o preço do Nano

A capitalização de mercado da Nano é de $247.049.170 a partir de novembro de 2018. Até 2021, a capitalização de mercado pode exceder $1.441.775.355. O valor atual é uma queda em relação ao recorde histórico de mais de US$ 4 bilhões no início de 2018.

O fornecimento total e circulatório de Nano é de 133.248.290 NANO, e não estão sendo criados novos tokens. O sistema baseado em torneiras, que fechou em outubro de 2017, foi utilizado para a distribuição inicial de fichas. O Nano pode ser adquirido em trocas de moedas criptográficas como Binance e HitBTC.

Stellar Lumens

Jed McCaleb fundou os dois Stellar Lumens e Ripple, que são moedas digitais. Embora se baseiem na mesma premissa, não são a mesma, pois a Lumens se concentra em ajudar indivíduos a transferir dinheiro em vez de instituições. McCaleb adotou uma abordagem mais ativa ao homem comum com o Lumens, ao contrário da abordagem mais corporativa de seu predecessor.

A rede Stellar é a verdadeira estrutura descentralizada peer-to-peer, enquanto o Lumens (XLM) é o símbolo da rede. A rede foi fundada em 2014 e, em maio de 2021, a Stellar Lumens havia subido para a 14ª posição entre as mais populares moedas criptográficas. O preço mais alto de todos os tempos da Stellar era de US$ 0,93 em janeiro de 2018, mas agora é de apenas US$ 0,06.

Qual é a finalidade do Stellar Lumens?

Os Lumens foram criados para ajudar as pessoas a superar os desafios das transações transfronteiriças. Os longos tempos de transação e as altas taxas são dois desses impedimentos. Lumens procurou aliviar estes problemas para os usuários residenciais, fornecendo uma maneira rápida e barata de enviar dinheiro ao redor do mundo.

Os criadores do Stellar Lumens reconhecem que nem todos em nosso mundo têm acesso fácil aos serviços financeiros e, mesmo que tenham, eles podem ser proibitivamente caros. Como resultado, a equipe está comprometida em fornecer serviços financeiros a qualquer pessoa em qualquer parte do mundo que tenha uma conexão ativa com a Internet e alguns recursos básicos de hardware.

Lúmens são as fichas que a rede Stellar maior usa para enviar dinheiro e converter moedas. A rede é uma rede peer-to-peer que é descentralizada.

Os Lumens permitem que um tipo de moeda seja enviado por um par e recebido por outro como outro tipo de moeda. Ele passará por várias moedas no seu caminho até o destinatário. A rede Stellar realiza isto determinando se uma troca direta de pares de moedas está disponível.

Caso contrário, ele pode verificar se a moeda inicial de um titular de Lumens está em demanda, e uma vez que tenha os Lumens, ele pode procurar um número de Lumens mais a moeda final. Isto permite uma simples transação de valor entre moedas que não têm um par negociado em comum.

Tudo isso é possível graças às "âncoras" da rede Stellar. As âncoras facilitam a troca de moedas dentro da rede, pois podem manter um depósito, bem como emitir crédito em outra moeda. Este processo é incrivelmente rápido porque todas as âncoras estão na mesma rede, a rede Stellar.

Embora os Lumens tenham valor intrínseco, a principal função dos tokens é servir como ponte entre diferentes moedas. Como tal, seria benéfico considerá-lo como mais do que apenas dinheiro. Sua capacidade de converter moedas para os usuários e fazê-lo rapidamente a distingue das moedas fiat padrão que são comumente chamadas de "dinheiro real".

A IBM escolheu a Stellar Lumens para ajudar no desenvolvimento da World Wire, que permite às instituições financeiras enviar dinheiro ao redor do mundo a um custo muito mais baixo e rápido do que nunca. A Stellar Lumens ganhou credibilidade e exposição ao mundo financeiro tradicional ao colaborar com a IBM.

O Stellar Lumens vale o investimento?

Os Stellar Lumens não são mineráveis. A Stellar, por outro lado, controla o fornecimento de Lumens. Inicialmente, foram criados 100 bilhões de Lumens, com o fornecimento aumentando 1% ao ano por cinco anos até que a comunidade Stellar votou contra.

Stellar aceitou o conselho da comunidade e reduziu o número de Lumens existentes pela metade, para 50 bilhões, prometendo nunca mais criar mais. Apenas cerca de 20 bilhões desses 50 bilhões ainda estão em circulação, sendo o restante mantido pela SDF para fins de desenvolvimento e promoção.

As transações da Stellar Lumens entre contas são realizadas utilizando um protocolo de consenso, pois não há mineração.

Com uma grande oferta de Lumens, um preço relativamente baixo da moeda e o fato de não ser considerado um bom depósito de valor, pode ser atualmente um investimento arriscado quando comparado a outros ativos criptográficos como o Ethereum, Bitcoin e Link.

Entretanto, se um número crescente de pessoas ao redor do mundo começar a usar o Lumens para transferir dinheiro, a história pode mudar drasticamente.

80

Uma transação da Lumens custa 0,00001 XLM, tornando-a extremamente barata. Quando você compra Lumens através de trocas on-line, o site onde você os compra cobrará uma taxa.

A Coinbase, por exemplo, cobra entre 0,99 e 2,99 euros para cada compra entre 1 e 200 euros. Ao utilizar um cartão de débito, há uma taxa adicional de 3,99 por cento. Trocas como a Kraken têm taxas muito mais baixas, normalmente em torno de 0,26%, mas estas ainda são taxas adicionais sobre as moedas reais.

Futuros de Binário-Oferta

O conceito funciona da seguinte forma no comércio de futuros, como por exemplo, Binance Future. Você coloca uma aposta em uma previsão de preço. Como resultado, os futuros são um derivado (ou um derivativo) de uma moeda criptográfica. As negociações de futuros estão se tornando cada vez mais populares por uma variedade de razões importantes. As seguintes são as razões:

O comércio de futuros permite ganhar muito dinheiro mesmo em um mercado onde os preços estão caindo.

Trabalhar com alavancas (alavancagem) aumenta consideravelmente as oportunidades de lucro (e com isso também o risco!).

Há mais alguns benefícios a mencionar, mas estes dois são, de longe, os mais importantes.

Quando você possui moeda criptográfica, ela aumenta de valor quando os preços sobem e diminui de valor quando os preços caem. Esta não é uma tarefa difícil. Entretanto, em um mercado de ursos, é impossível lucrar com essa moeda criptográfica. Na melhor das hipóteses, você pode vender tudo a um preço máximo, esperar por uma queda de preço e depois tentar comprar a um preço mínimo.

Entretanto, a negociação de futuros permite que você lucre mesmo em um mercado em baixa. Você pode, por exemplo, fazer uma aposta na previsão de uma queda no preço. Se o preço cair no futuro, você será pago por isso.

Por outro lado, é claro, você perderá dinheiro no momento em que a queda de preços prevista não acontecer, e os preços subirem.

O comércio de futuros permite que você tire proveito do chamado efeito de alavancagem. Isto permite que você multiplique os efeitos de suas negociações até 125 vezes. É também por isso que a negociação de futuros em geral só é apropriada para negociadores de criptografia mais experientes.

Quando você usa alavancagem, esse fator é aplicado a cada lucro ou perda em dólar que você faz. Isto tem muito potencial, mas também tem muito risco. Como resultado, é fundamental proceder com cautela e previdência.

Você pode aumentar o impacto de seus negócios usando a alavancagem. A alavancagem em operações de futuros pode ser definida entre 1x e 125x. Assim, se você definir uma alavancagem de 20x (a definição padrão para futuros), você poderá abrir uma posição de não menos que 200 USDT com 10 USDT.

Isto permite que você negocie rapidamente com grandes somas de dinheiro, e é por isso que é fundamental que você entenda como funciona o processo de liquidação por trás destas posições. Quanto maior sua posição, menos alavancagem você tem. Caso contrário, também é verdade que quanto menor a sua posição, mais alavancagem você tem.

O risco do Binance Futures

Se você tem estado envolvido em investimentos regularmente, você estará ciente de que investir implica um certo risco. Ações, títulos, commodities, contratos futuros e moedas criptográficas, todos têm um valor no momento da compra que pode aumentar ou diminuir. Como resultado, isto é chamado de risco de investimento.

Investir em títulos do governo ou fundos de índice é geralmente menos arriscado do que investir em ações individuais. A negociação de ações geralmente é menos arriscada do que a negociação em moedas criptográficas. Como você provavelmente sabe, o mercado de moedas criptocópicas é extremamente volátil.

Quando você começa a negociar futuros e adiciona um fator de alavancagem, o risco é multiplicado pelo fator de alavancagem. Não é por nada que a negociação de futuros é mais adequada para traders mais experientes. A oportunidade é sem precedentes, mas o risco também é grande.

A regra geral é que quanto maior for o risco, maior será a margem de lucro. E vice versa: quanto menor a margem de lucro, menor o risco.

Pode ficar claro que o comércio de futuros abre um novo território no qual oportunidades e ameaças estão em espera. Em qualquer caso, oferece oportunidades que você não teria no mercado comercial normal (à vista), em parte graças ao princípio de alavancagem.

No entanto, a negociação de futuros também envolve um risco considerável, em conseqüência do qual não é adequada para todo negociador. Se a negociação de futuros é ou não algo para você é algo que depende muito de seu perfil de risco, da experiência que você adquiriu em negociações criptográficas e do conhecimento que você possui. E, claro, um fator de sorte será aplicado ao seu sucesso com operações de Futuros de Binance.

87

Solana

Solana é uma das estrelas em ascensão mais rápida do mercado de moedas criptográficas. Desde o início de 2021, a altcoin aumentou em quase 3.000%. Enquanto o SOL valia cerca de US$ 1,50 em 1 de janeiro, agora vale mais de US$ 40 no momento em que foi escrito. Por que a Solana subiu tão drasticamente?

O crescimento de Solana é mais provável devido à capacidade da rede de lidar com um grande número de transações por segundo.

Por exemplo, Bitcoin (BTC) só pode lidar com 7 transações por segundo (TPS) sem a assistência de soluções de camada 2, e Ethereum (ETH) só pode lidar com 15 a 18 TPS no momento.

À medida que o mercado se expande, estas redes se tornam cada vez mais congestionadas, resultando em custos de transação mais altos.

SOL é a moeda criptográfica da cadeia de bloqueio Solana. Ela é usada para os seguintes propósitos:

Greve de Solana: Solana permite recompensas inflacionárias para os usuários que atacam a SOL em troca de suporte de rede. Solana é uma rede de consenso delegada de Comprovação de Consumo. Em outras palavras, os titulares da SOL podem delegar uma parte de seus ativos da SOL a um validador, que é responsável pelo processamento das transações e pelo funcionamento da rede.

Taxas de transação: A moeda criptográfica SOL pode ser usada para realizar contratos e transações inteligentes.

Governança: A ficha SOL será usada para votar em propostas específicas dentro da comunidade e organização Solana.

O número total de SOL distribuídos é agora superior a 16.500.000 SOL (3,35 por cento). Neste momento, a quantidade total é de 488.634.933 SOL, dos quais 11.365.067 SOL foram queimados (queimados) da quantidade máxima inicial de 500.000.000 SOL.

De fato, a SOL tem uma política monetária deflacionária na qual a quantidade SOL é reduzida (queimando) para tornar a greve a longo prazo mais atraente. A escassez se agrava com o tempo.

Por que você deveria investir na Solana?

A Solana já formou parcerias tecnológicas inovadoras com FTX, Arweave, Pocket Network, Fortmatic, dFuse, LoanSnap, Akash, Chainlink, Hummingbot e Civic, entre outros. Estas colaborações tecnológicas fortalecerão o efeito de rede da Solona.

Multicoin Capital, Foundation Capital, Distributed Global, CMCC, Blocktower Capital, NGC Capital e Rockaway Ventures estão entre as principais empresas de capital de risco que investiram na Solana (SOL).

Se você quiser usar ativamente a rede para desenvolver aplicações descentralizadas baseadas em Solana, você precisará ter SOL. Se você quiser ganhar SOL de graça e investir no futuro de Solana, você pode apostar SOL. Para fazer isso, porém, você precisará investir dinheiro na SOL primeiro.

Invista somente com capital de risco na SOL que você pode se dar ao luxo de perder. É um projeto novo e certamente pode fracassar. Sempre comece com uma boa compreensão da proposta de valor da Bitcoin antes de investir em outros projetos.

EOS

A EOS tem aparecido muito nas notícias recentemente, pois é frequentemente comparada ao conhecido Ethereum. Embora uma comparação possa não ser a melhor palavra a ser usada. O EOS já está sendo considerado como o novo Ethereum. Mas por que este é o caso, e quem está por trás desta iniciativa?

Escalabilidade é um termo usado freqüentemente no mundo da moeda criptográfica. Bitcoin e Ethereum são, de longe, as moedas mais populares, o que cria complicações. As transações estão se tornando cada vez mais difíceis de serem concluídas devido ao grande número de usuários. O Ethereum permanece mais rápido que o Bitcoin, mas ainda é muito lento. Isto é especialmente verdadeiro quando se considera que a Visa, por exemplo, pode processar milhares de transações por segundo.

A EOS conta atualmente com a rede Ethereum, mas pretende criar a sua própria rede. Ao fazer algumas mudanças, a escalabilidade desta moeda deverá melhorar. A usabilidade é uma palavra-chave na EOS. Enquanto Ethereum requer lições para aprender a linguagem de programação, esta moeda criptográfica não o faz.

Dan Larimer

Dan Larimer é o grande nome do projeto e ele desenvolveu uma série de tecnologias ao longo dos anos.

Dan é o criador dos conhecidos projetos Bitshares e Steem. Na época, Bitshares era uma troca revolucionária. Além do fato de que esta troca era descentralizada, havia algo mais acontecendo. Dan foi pioneiro na escalabilidade horizontal, o que permitiu milhões de transações por segundo. Isto é exatamente o que o EOS exigia, entre outras coisas, para derrotar seu arqui-inimigo Ethereum. Bithares foi mais tarde dissolvido, e Dan dedicou-se a um novo esforço.

Ele também era o cérebro por trás da Steem. Steem foi revolucionário por ter introduzido uma plataforma de mídia social baseada em cadeias de bloqueio.

Além disso, a comunidade Steem poderia ganhar dinheiro sob a forma de Steem Dollars. Ele reduziu os custos de transação ao implementar isto. Afinal de contas, os usuários podem interagir uns com os outros gratuitamente. Ele abandonou Steem a fim de se concentrar no EOS.

Dan deseja incorporar o conhecimento adquirido com estes projetos nesta moeda criptográfica. Esta moeda deve tornar simples para os usuários a criação de aplicativos descentralizados na rede EOS. Ao aumentar a escalabilidade, nenhuma outra medida, como os chamados garfos duros da Bitcoin, é necessária. Ao utilizar esta rede, também não há necessidade de pagar taxas de transação.

Deve ser uma rede para todos, sem ter que ter conhecimentos técnicos. Além da escalabilidade e da eliminação dos custos de transação, Dan quer adotar outra tecnologia. A prova delegada de participação (DPOS), que ele mesmo introduziu.

Com este sistema, certas pessoas são designadas através do voto. Quanto mais fichas EOS alguém possuir, maior será o poder de voto. As pessoas que são designadas podem tomar decisões a respeito da rede. Se uma pessoa fizer um trabalho errado, ela pode ser expulsa de sua posição.

Tudo depende do sucesso deste projeto, caso ele venha a crescer significativamente. O fundador Dan é um dos pioneiros neste projeto e temos que acreditar em sua palavra. Além disso, é importante que não demore muito.

O EOS deve ser o primeiro com uma rede confiável e rápida, melhor do que a rede Ethereum.

TRON

O TRON está ativo desde 2017-08-28. Neste tempo relativamente curto, uma enorme quantidade de desenvolvimentos já aconteceu. O preço é determinado pela oferta e pela demanda. Entretanto, há uma oferta máxima disponível.

Para esta moeda que é e existe atualmente apenas um suprimento circulante de 71.660.220.128. Se olharmos para o mercado total de moedas criptográficas, ele se situa em 23 no mercado total. A alta de todos os tempos é de US$ 0,23, desde este enorme marco, ela caiu 49,42%.

Tron é a moeda criptográfica projetada para fazer avançar a indústria de entretenimento, jogos e mídia. Foi fundada por Justin Sun no ano de 2017 e é muito adequada para isso:

- Mais facilmente vender conteúdo que ainda está em desenvolvimento

- Tecnologia peer to peer

- Redução de taxas para intermediários

- Construindo aplicações descentralizadas

- Armazenamento de dados

- Usando-o como meio de pagamento de serviços de entretenimento

Portanto, Tron é uma cadeia de bloqueio que utiliza três camadas diferentes. Estas camadas são as camadas de **armazenamento, núcleo** e **aplicação.** Tron usa o protocolo protobuf do Google que lhe permite trabalhar indiretamente com diferentes linguagens de programação. A equipe da Tron é composta por consultores, investidores e desenvolvedores experientes. O objetivo da Tron é ter todos os tipos de serviços usando Tron para que todos possam comprar dele porque todos eles o têm.

A expectativa TRX a curto prazo é muito difícil de se prever. Pode-se concluir que o preço desta moeda está ligado às notícias e desenvolvimentos. Quantas vezes aconteceu que o Elon Musk publicou um Tweet e todo o mercado de moedas criptográficas mostrou um movimento.

Mas certamente existe um grande potencial para a aplicação prática desta moeda criptográfica, e para garantir que você invista na hora certa, é sábio ficar de olho nas notícias que cercam as moedas criptográficas.

Grandes empresas que se interessam pela aplicação de criptografia em seus sucessos comerciais são freqüentemente uma boa indicação de um aumento de valor.

Chainlink

Chainlink (LINK) como uma empresa tem o objetivo principal de ajudar as empresas a aplicar adequadamente a cadeia de bloqueio. Isso pode parecer muito geral, mas eles têm uma solução específica para isso. Chainlink constrói oráculos que lhe permitem carregar informações e dados em cadeias de bloqueios e contratos inteligentes. Por exemplo, você pode ligar uma alimentação ao vivo de dados do tempo na Holanda a outros dados através de uma cadeia de bloqueios. Ainda não estão tão longe, os oráculos são agora utilizados principalmente por empresas que oferecem serviços financeiros descentralizados.

Em termos concretos, Chainlink é uma empresa que se manifesta como um fornecedor de soluções totais no campo da implementação de cadeias de bloqueio dentro de grandes empresas ou processadores de dados. Agora eles estão sendo cada vez mais chamados para aplicações DeFi e, portanto, o potencial da empresa parece enorme.

A ficha associada tem o objetivo de recompensar os usuários que mantêm os nós funcionando e alimentam a rede. Há rumores de que o Chainlink está desenvolvendo um método para produzir estas moedas. Isto significa que você tranca suas moedas e ganha juros sobre elas por um determinado período de tempo.

O oráculo do Chainlink garante que os dados de várias fontes (outras cadeias de bloqueio, sistemas back-end, sistemas de pagamento, dados de mercado, etc.) sejam processados de tal forma que possam ser utilizados em uma cadeia de bloqueio autônoma.

Chainlink é uma plataforma inteligente, focada em contratos. São contratos baseados em cadeias de blocos que são programados e concluídos. Isto ocorre freqüentemente entre duas partes, onde o contrato inteligente examina os dados e as condições às quais ambas as partes estão vinculadas.

Se ambas as partes tiverem cumprido suas obrigações contratuais, o contrato inteligente aprovará e executará automaticamente o contrato. Se o contrato não for aprovado, o dinheiro de todos será devolvido.

O surgimento e a utilidade deste contrato inteligente é o que torna o Chainlink tão intrigante.

É claro que ter um contrato inteligente executado é muito interessante, especialmente porque estes são programados automaticamente na cadeia de bloqueio com base em regras que são adicionadas digitalmente ao contrato inteligente. Como tudo é transparente neste caso, você não precisa da confiança da outra parte. Como resultado, a confiança é programada na cadeia de bloqueios.

No entanto, há inconvenientes neste contrato inteligente, pois ele requer freqüentemente dados, que devem ser recuperados de empresas ou através de bancos de dados. E antes que tal contrato inteligente possa aprovar "acordos e condições", os dados devem estar presentes.

É precisamente aqui que o Chainlink aspira a ser a solução. Chainlink desenvolveu recentemente um Oracle que permite às empresas e instituições conectarem-se ao Oracle do Chainlink usando uma chave API, permitindo que os dados sejam recuperados.

Anteriormente, a recuperação deste tipo de dados só era possível se a organização da qual os dados vieram só tomasse medidas.

Como resultado, a cadeia de bloqueio nunca foi verdadeiramente descentralizada. Como resultado da conexão entre o Oracle Chainlink descentralizado e a contraparte, cada contrato inteligente pode ser controlado sem o envolvimento de um terceiro.

Obviamente, a equipe de marketing não passou muito tempo agonizando por causa do nome da ficha, mas acabou sendo um nome atraente, digamos assim.

Ao mesmo tempo, a LINK não requer marketing para ganhar atenção. Um retorno de 730% nos três primeiros trimestres de 2019 atraiu muita atenção na indústria de criptografia.

Quando você é tão bem sucedido quanto a LINK, o mundo fala de você, independentemente de quanto tempo e esforço você dedique à comercialização de sua própria moeda criptográfica.

Chainlink é o exemplo clássico de um ICO que se saiu incrivelmente bem. Tanto para a empresa Chainlink quanto para a ficha LINK, e claro, para todos os investidores que colocaram os milhões iniciais sobre a mesa juntos. Você tinha participado por 100 euros em 2017? Então hoje você teria conseguido apenas US$ 3.700 com isso. Nada mal, certo? O preço das ações da Chainlink passou de 0,09 centavos para mais de 5 dólares.

E mesmo que os resultados passados não sejam garantia para o futuro, o potencial do Chainlink (e com ele também o LINK) é ilimitado. Como cada vez mais empresas investem em blockchain e buscam soluções para integrar seus conjuntos de dados com os de outras empresas, a solução Oráculo Chainlink se revelará incrivelmente inventiva.

E à medida que a tecnologia do Chainlink se torna mais popular, mais operadores de nós são necessários. Quanto mais operadores de nós forem necessários, mais eles serão pagos juntos. E quanto mais eles forem pagos juntos, mais demanda haverá para a LINK.

100

Conclusão

Você já deve ter uma boa idéia de como conduzir sua própria avaliação de risco quando se trata de investir em moedas criptográficas. E, antes de começar, certifique-se de ter um plano, faça suas pesquisas e esteja ansioso para aprender o valor da moeda em que deseja investir.

Uma das regras mais importantes de investimento é educar-se sobre o hype antes de começar. Em vez de pagar pelo lucro de outra pessoa com a próxima bomba e esquema de despejo, certifique-se de que seu investimento seja calculado.

E, se você quiser obter lucros enormes com o comércio diário, fazendo dinheiro real com os esquemas de bombeamento e despejo mencionados anteriormente, certifique-se de obter uma fonte de informação confiável. Existem numerosos grupos de investimento gratuitos e pagos que podem lhe fornecer informações sólidas sobre moedas com alto potencial comercial a curto prazo.

Se você gosta do som de uma abordagem de alto risco e alta recompensa para as moedas criptográficas, a negociação de Futuros de Binácias pode ser uma opção.

Diga-nos o que pensa do livro, e se ele se mostrou útil, por favor deixe-nos uma resenha para que outros também possam se beneficiar.

Obrigado por ler nosso livro, e boa sorte com seus investimentos futuros!

Nossos livros

Confira nosso outro livro para saber mais sobre NFTs, NFT trading and selling, como obter lucro e dicas e estratégias essenciais para um início à prova de falhas no universo NFT.

Junte-se ao exclusivo Círculo Editorial Stellar Moon!

Você terá acesso imediato à lista de correio com atualizações de nossos especialistas todas as semanas!

Inscreva-se aqui hoje:

https://campsite.bio/stellarmoonpublishing

CPSIA information can be obtained
at www.ICGtesting.com
Printed in the USA
BVHW041359100621
609275BV00006B/1588